HÄDECKE

Alessandra Avallone

Pizza *originale*

Knusprige Kreationen aus Italien

Pizza oder Focaccia?

Der Unterschied zwischen einer Pizza und einer Focaccia ist selbst für Italiener nicht ganz klar. In jeder regionalen Küche werden diese Begriffe nach eigenen Regeln ausgelegt, was zu unvermeidlichen Überschneidungen führt. Was zum Beispiel in Bari „Pizza" genannt wird, heißt in Mailand „Focaccia mit Tomaten". Vereinfacht gesagt, wird eine Focaccia im Gegensatz zur typischen Pizza – in der Regel – nicht mit Tomatensoße bestrichen. Es besteht kein Zweifel, dass die Pizza ursprünglich eine Focaccia war. Wahrscheinlich würzte man sie zunächst nur mit nativem Olivenöl und Salz. Anhand der Focaccia überprüften die Bäcker die Ofenhitze, bevor sie ihr Brot darin buken. Die Vielfältigkeit in der Variation der Zutaten und Gewürze kam erst später und entwickelte sich allmählich weiter. Dabei spielten die saisonalen Angebote, die Kreativität des Bäckers und die Wünsche der Kunden eine wesentliche Rolle.

Eine eigene Pizza zu Hause zubereiten bedeutet, dass man die besten Zutaten selbst wählt und diese dann individuell zusammenstellen kann. Vom Grundteig bis zum Belag: Lassen Sie Ihrer Phantasie freien Lauf, aber übertreiben Sie es nicht! Weniger ist oft mehr, zwei bis drei „starke" Aromen reichen völlig aus, um eine wohlschmeckende Pizza zu kreieren. Dazu müssen Sie auch nicht alleine sein, denn sowohl Kinder als auch Gäste freuen sich, wenn sie ihre eigene Pizza zusammenstellen können. Sie werden sehen: Der verführerische Duft aus dem Backofen lockt alle in die Küche!

Zubereitung der Pizzateige

Die in diesem Buch vorgestellten Pizzas oder Focaccias können mit jedem beliebigen Pizzateig zubereitet werden. Die Grundrezepte dazu finden Sie auf Seite 4. Die Wahl des Teiges hängt von der Zeit, die man zur Verfügung hat, und den persönlichen Vorlieben ab. Die Grundmasse reicht entweder für zwei oder drei Pizzas mit 30 cm Durchmesser und mittlerer Dicke, für eine dicke Focaccia, für eine gefüllte Pizza oder aber für acht individuell gestaltete Mini-Pizzas aus.

Wenn Sie die Pizzas oder Focaccias auf klassischen Metallblechen backen wollen, müssen Sie diese vorher mit erhitzbarem Olivenöl einfetten oder mit Backpapier auslegen. Den Backofen vorheizen und die Pizza auf dem Blech auf der untersten Schiene knusprig backen.

Sie können auch einen Pizzastein (siehe S. 7) verwenden. Dadurch wird die Pizza gleichmäßiger gebacken. In diesem Fall ist es wichtig, entweder den Ofen oder den Pizzastein vorzuheizen, bevor die Pizza in den Backofen geschoben wird, und immer im unteren Bereich des Backofens zu backen. Die Backtemperatur sollte immer ziemlich hoch sein: um die 220 °C für etwas dickere Focaccias, die ca. 30–40 Minuten gebacken werden, und 240–250 °C für dünne und knusprige Pizzas, die kurz (10 Minuten) gebacken werden. Genauere Angaben zur Backzeit und -temperatur finden Sie in jedem Rezept.

Grundrezepte

Weißer Pizzateig (schnelle Variante)

Menge für ca. 800 g Teig:
500 g Mehl Type 405
+ Mehl für die Arbeitsfläche
8 g Trockenbackhefe
oder **20 g** frische Hefe
250 ml lauwarmes Wasser
1 TL Salz
1 EL natives Olivenöl

1 500 g Mehl in eine Schüssel oder auf die Arbeitsfläche streuen. Eine Mulde in die Mitte des Mehls drücken und die Hefe darin verteilen (Frischhefe dafür zerbröseln). 100 ml lauwarmes Wasser in die Mulde gießen, die Hefe darin leicht verrühren und auflösen. Die Schüssel mit einem Tuch bedecken und das Ganze 5 Minuten ruhen lassen.

2 Das Salz nur auf dem Mehl verteilen*, 1 EL natives Olivenöl und 150 ml lauwarmes Wasser hinzufügen. Die Mischung kräftig durchkneten, bis man daraus eine glatte feste Kugel formen kann. Den Teig mit Öl einpinseln und die Schüssel mit einem feuchten Küchentuch oder einer umgedrehten größeren Schüssel bedecken.

***** Die Hefe darf nicht direkt mit dem Salz in Berührung kommen, da sie „lebendige" Organismen enthält und das Salz das Aufgehen des Teiges verhindern würde.

Hinweis: Die in den Grundrezepten angegebene Teigmenge reicht für 2–3 Pizzas mit dünnem, knusprigem Boden und einem Durchmesser von ca. 35 cm. Sie ist ausreichend für 1 Focaccia oder 1 gefüllte Pizza sowie für bis zu 8 Mini-Pizzas. Die in den Rezepten ab Seite 8 genannten Teigmengen sind als grobe Richtschnur gedacht und sollen zeigen, dass nicht nur der Belag, sondern auch die Dicke des Teigbodens jeder Pizza ihren eigenen Stil geben kann – ja nach persönlichem Geschmack.

3 Den Teig ca. 30 Minuten bei Zimmertemperatur gehen lassen. Für Mini-Pizzas oder Mini-Focaccias den Teig in die gewünschte Anzahl aufteilen und gehen lassen, bis sich deren Volumen verdoppelt hat.

4 Wenn Sie eine große Pizza oder Focaccia auf einem Pizzastein zubereiten möchten: Den Teig zusätzlich ca. 1 ¼ Stunden vollständig aufgehen lassen, bei Zimmertemperatur mit einem Geschirrtuch bedeckt. Bei einem Metallblech kann der Teig sofort auf das Blech gelegt und mit den Händen leicht auseinander gezogen werden. 15 Minuten ruhen lassen und anschließend den Teig vollständig auf dem Blech auswellen. Mit einem Geschirrtuch abdecken und ca. 1 Stunde gehen lassen.

5 Den Teig auf der bemehlten Arbeitsfläche mehrmals von Hand auseinander ziehen oder mit einem bemehlten Nudelholz ausrollen. Zwischendurch ein paar Minuten warten, damit der Teig seine Elastizität verliert.

6 Pizza oder Focaccia auf den heißen, eingeölten oder bemehlten Pizzastein legen. Nach Belieben belegen und würzen und sofort in den Backofen geben. Wenn der Belag schwer ist, empfiehlt es sich, den Teig auf Backpapier auszurollen und dann mit Backpapier auf den heißen Pizzastein zu legen.
Oder den auf dem Blech ausgewellten Teig belegen und je nach Rezept im Backofen zubereiten.

Weißer Pizzateig

Menge für ca. 900 g Teig:

500 g Mehl Type 405

+ Mehl für die Arbeitsfläche

350 ml lauwarmes Wasser

4 g Trockenbackhefe

1 TL Salz, **1 EL** natives Olivenöl

Mehl in eine Schüssel oder auf die Arbeitsfläche streuen, in die Mitte eine Mulde drücken und das Wasser hineingießen. Die Hefe mit dem Wasser leicht verrühren, die Schüssel mit einem Geschirrtuch bedecken und 15 Minuten bei Zimmertemperatur ruhen lassen.

Das Salz nur auf dem Mehl verteilen (siehe S. 4). Mit einem Kochlöffel etwas Mehl in die Wasser-Hefe-Mischung einarbeiten, bis ein klebriger Vorteig entsteht. Bedecken und 30 Minuten ruhen lassen. Arbeitsfläche großzügig mit Mehl einstäuben, Teigmasse darauf geben, Mehl darüber streuen und 3-fach falten (die Ränder nach innen schlagen). Das Ganze um 90° drehen, erneut Mehl darüber verteilen und wieder 3-fach falten. Den Vorgang wiederholen, bis der Teig nicht mehr klebt (3- bis 4-mal) – den Teig dabei aber nicht kneten. Teig in eine mit Öl ausgestrichene Schüssel legen, darin wenden, bis er von allen Seiten eingeölt ist, ein Blatt Backpapier befeuchten und den Teig damit bedecken. Ein Geschirrtuch darüber legen, die Schüssel im oberen Bereich im Kühlschranks kalt stellen (dort ist die Temperatur etwas höher) und den Teig dort 12 Stunden ruhen lassen.

Danach den Teig mit den Handflächen zusammendrücken, zu einer Art Brot formen und noch 1 Stunde an einem lauwarmen Ort ruhen lassen. Für eine runde dünne Pizza den Teig in drei Portionen teilen, nacheinander auf einer bemehlten Arbeitsfläche ausrollen oder mit bemehlten Händen auseinander ziehen. Anschließend je nach Rezept belegen und backen.

Vollkorn-Pizzateig

Menge für ca. 900 g Teig:

500 g Vollkornmehl (Weizen oder Dinkel), Type 1050

+ Mehl für die Arbeitsfläche

1 TL Salz, **350 ml** lauwarmes Wasser

8 g Trockenbackhefe oder **20 g** frische Hefe

1 TL Honig, **2–3 EL** natives Olivenöl

In einer Schüssel Mehl und Salz mischen, in der Mitte eine Mulde formen. Hefe im lauwarmen Wasser mit dem Honig auflösen und zugedeckt 10 Minuten ruhen lassen. Flüssigkeit in die Mulde gießen, nach und nach mit einem Kochlöffel das Mehl einarbeiten. Teig auf die bemehlte Arbeitsfläche geben und durchkneten, bis er gleichmäßig und glatt ist. Dabei 2 EL Öl mit einarbeiten.

Teig zu einer Art Brot formen und 30 Minuten zugedeckt gehen lassen. Kurz kräftig durchkneten und erneut gehen lassen, bis sein Volumen sich verdoppelt hat.
Grundteig je nach benötigten Pizzas oder Focaccias aufteilen, die Stücke noch 10 Minuten gehen lassen, dann ausrollen und nach Belieben belegen. Entsprechend der Anweisung im Rezept backen.

Die perfekte Pizza

Eine perfekt gebackene Pizza zeichnet sich durch ihren knusprig Teig und durch ihren saftigen Belag aus! Im Gegensatz zum Steinbackofen der Pizzeria lässt das Ergebnis im häuslichen Backofen aber manchmal zu wünschen übrig. Das Verhältnis zwischen Backzeit und -temperatur ist heikel, zudem bäckt jeder Backofen anders – die Ergebnisse sind daher oft sehr unterschiedlich.

Mit einem Pizzastein lässt sich das umgehen. Aus feuerfester Keramik hergestellt, verteilt er die Hitze wesentlich gleichmäßiger als herkömmliche Pizzableche aus Metall. Der Pizzaboden wird daher schnell und gleichmäßig durchgebacken. Die verkürzte Garzeit kommt selbst empfindlichsten Belägen zugute.

Alle Rezepte wurden daher auf speziellen Pizzasteinen aus FLAME®-Keramik von Emile Henry® zubereitet. Sie sind leichter und praktischer als traditionelle Pizzasteine aus Terracotta. Dank ihrer speziellen Glasur sind sie nicht nur hitzebeständig, sondern auch schnitt- und spülmaschinenfest. Sie können im Backofen und sogar auf dem Gartengrill eingesetzt werden. Diese Pizzasteine halten die Pizza lange warm, sie kann darauf bei Tisch serviert werden.

Egal, für welche Technik Sie sich entscheiden – ob für Pizzastein, Metall- oder Keramikform oder für Backpapier und Backblech –, die Rezepte in diesem Buch geben Ihnen den richtigen Einstieg in die perfekte Pizzabäckerei und versprechen echten Genuss wie in Italien oder in Ihrer Lieblingspizzeria!

Pizza Margherita speciale

Für 4 Personen • Zubereitung: 5 Minuten • Garzeit: 15 Minuten

300 g weißer Pizzateig,
siehe Grundrezepte S. 4–6

150 g einfacher Mozzarella,
gut abgetropft
250 g klein gehackte Tomaten
aus der Dose
Salz
etwas Mehl
3 EL natives Olivenöl
1–2 Stängel Basilikum
2 kleine Kugeln
Büffelmozzarella
4–8 Scheiben roher Schinken
frisch gemahlener Pfeffer

Den Backofen mit dem Pizzastein auf 250 °C vorheizen.

Den Teig mit den Händen auf einer bemehlten Arbeitsfläche auseinander ziehen.
Den einfachen Mozzarella* in kleine Würfel schneiden. Die Pizzatomaten salzen. Die Teigscheibe auf den mit Mehl eingestäubten heißen Pizzastein legen.

Die Tomaten auf der Pizza verteilen und mit etwas Öl beträufeln, 5 Minuten in den Ofen schieben und wieder herausnehmen. Die Mozzarellawürfel darauf streuen und ca. 10 Minuten im Ofen backen.

Herausnehmen, die Basilikumblätter darüber streuen, die Pizza in 4 Portionen teilen, jedes Viertel mit einer halben Kugel Büffelmozzarella, 1 oder 2 Scheiben rohem Schinken und einer Umdrehung aus der Pfeffermühle garnieren. Sofort servieren.

Vegetarische Rezeptvariante: Lassen Sie den Schinken weg und salzen Sie eventuell die gehackten Tomaten kräftiger.

* In Italien wird dieser etwas geschmacksärmere, meist nur aus Kuhmilch hergestellte „Mozzarella fior di latte" genannt.

Pissaladière* – italienischer Zwiebelkuchen

Für 8 Personen • Zubereitung: 15 Minuten • Garzeit Zwiebeln: 30 Minuten • Garzeit Pissaladière: 40 Minuten

250 g weißer Pizzateig, *siehe Grundrezepte S. 4–6*

1 kg Gemüsezwiebeln
natives Olivenöl
14 Sardellenfilets in Öl
Meersalz
frisch gemahlener Pfeffer
40 g kleine aromatische schwarze Oliven (z. B. Nizza- oder Taggiasca-Oliven)

Den Backofen mit dem Pizzastein auf 200 °C vorheizen.

Zwiebeln schälen, halbieren und in Scheiben schneiden. Die geschnittenen Zwiebeln in einer großen Pfanne mit ein paar Esslöffeln Olivenöl anschwitzen und einen Schöpflöffel Wasser hinzufügen. Ca. 20 Minuten bei niedriger Hitzezufuhr köcheln lassen, bei Bedarf noch etwas Wasser hinzufügen.

Anschließend die Zwiebeln zur Seite schieben, 2 EL Olivenöl in die Mitte der Pfanne geben, 4 Sardellenfilets hinzufügen und mit einem Kochlöffel im Öl zerdrücken. Die Sardellenmischung mit den Zwiebeln verrühren und noch 10 Minuten leicht köcheln lassen, bis die Zwiebeln weich, aber nicht trocken sind. Mit wenig Salz und Pfeffer abschmecken.

Den Pizzateig auf einer bemehlten Arbeitsfläche ausrollen oder auseinander ziehen, außen einen Rand formen.

Den im Backofen erhitzten Pizzastein mit Mehl bestäuben. Den Pizzateig darauf legen, mit Zwiebeln belegen (ca. 1 cm vom Rand freilassen) und die restlichen Sardellenfilets auf den Zwiebeln verteilen.

30 Minuten im Ofen backen, dann mit den Oliven belegen und 10 Minuten weiterbacken. Pissaladière entweder warm oder kalt servieren.

* Diese spezielle Pizza stammt aus dem französischen Midi, wird aber auch in Nizza und an der italienischen Riviera zubereitet. Wer mag, kann noch 2 gehackte Knoblauchzehen zu den Zwiebeln geben.

Vollkorn-Focaccia mit Kirschtomaten

Für 8 Personen • Zubereitung: 15 Minuten • Ruhezeit: 15 Minuten • Garzeit: ca. 45 Minuten

450 g Vollkorn-Pizzateig,
siehe Grundrezept S. 6

300 g Kirschtomaten
2 Knoblauchzehen
natives Olivenöl
1 Rosmarinzweig
grobes Meersalz

Den Backofen mit Pizzastein auf 220 °C vorheizen.

Den Teig mit den Händen zu einem runden Fladen (ca. 30 cm Durchmesser) auseinander ziehen.

Die Tomaten waschen und abtrocknen, halbieren, den Strunk vorsichtig mit einem scharfen Messer entfernen, Tomatenhälften mit der Schnittfläche nach oben leicht in den Teig drücken. Die Knoblauchzehen schälen und in dünne Scheiben schneiden. Die Knoblauchscheibchen jeweils neben einer Tomatenhälfte in den Teig drücken. Den Teig großzügig mit Olivenöl überziehen, mit den abgezupften Rosmarinnadeln bestreuen und grobes Salz frisch darüber mahlen.
Den Teig 15 Minuten ruhen lassen.

Die Focaccia auf den heißen und bemehlten Pizzastein legen und ca. 45 Minuten backen.

Pizza alla Scarola – Endivienpizza mit Pecorino

Für 4–6 Personen • Zubereitung: 40 Minuten • Garzeit Gemüse: ca. 10 Minuten • Garzeit Pizza: 35 Minuten

400 g weißer oder Vollkorn-Pizzateig, *siehe Grundrezepte S. 4–6*

2 kleine Köpfe krause Endivie (alternativ: 2 Endivienherzen)
natives Olivenöl
2 Knoblauchzehen, leicht angequetscht
Salz
100 g schwarze Oliven (Gaeta oder Kalamata)
2 EL Kapern
1 weiße Zwiebel
80 g mittelreifer Pecorino (italienischer Hartkäse aus Schafsmilch)
frisch gemahlener Pfeffer

Den Backofen mit Pizzastein auf 220 °C vorheizen.

Mit den Händen die Pizza auf der bemehlten Arbeitsfläche auseinander ziehen, bis sie mindestens 2–3 cm größer als der Stein ist, auf dem sie gebacken wird.

Endivie waschen, vorsichtig trockenschleudern und in kleine Stücke reißen.
Eine große beschichtete Pfanne mit 2 EL Öl erhitzen und die Knoblauchzehen in der Schale darin anbraten.
Den Salat dazugeben, salzen und bei starker Hitze weich kochen. Mit einem Löffel ¾ vom Kochwasser entnehmen und beiseite stellen. Die restliche Flüssigkeit verdampfen lassen und den Knoblauch entfernen. Oliven und Kapern zur Endivie geben und zum Abkühlen auf eine Platte geben.

Zwiebel schälen, in Scheiben schneiden und in einer beschichteten Pfanne mit 1 EL Öl anbraten, dann leicht salzen.

Die Hälfte des Pecorinos grob über den Teig reiben, in der Mitte die Endivie darauf ausbreiten, Zwiebel darauf verteilen und den restlichen Käse darüber reiben.
Die frei gebliebenen Teigränder zur Mitte hin einschlagen, so dass die Füllung teilweise verdeckt ist.

Die Pizza auf den heißen, bemehlten Pizzastein geben, 1 EL Öl mit etwas Endivien-Kochfond verrühren und den breiten Teigrand mit der Mischung bepinseln.

Die Pizza bei 220 °C 30–35 Minuten backen.

Pizzazungen mit Zucchini und Burrata

Für 4 Personen • Zubereitung: 20 Minuten • Gehzeit: 20 Minuten (zusätzlich) • Garzeit: 20 Minuten

350 g weißer Pizzateig, *siehe Grundrezept S. 4–6*

natives Olivenöl
10–12 getrocknete Tomaten in Öl
2 Zucchini
2 Frühlingszwiebeln
Salz
½ Zitrone
300 g Burrata* (alternativ: 150 g Mozarella, fein zerteilt und 1 Stunde in 500 ml Sahne/Rahm eingelegt, oder ein Frischkäse mit hoher Fettstufe)

Im Backofen 2 Pizzasteine auf 220 °C vorheizen.

Den Teig in 8 Kugeln aufteilen, mit einem Geschirrtuch bedecken und 20 Minuten gehen lassen. Jede Teigkugel den Länge nach schmal auseinander ziehen, wie eine Zunge. Die „Lingue" auf den zwei heißen Pizzasteinen verteilen, mit etwas Olivenöl überziehen, mit Wasser beträufeln und im vorgeheizten Ofen 15 Minuten backen.

In der Zwischenzeit die getrockneten Tomaten in Streifen schneiden. Zucchini waschen, ungeschält mit dem Spar- oder Pendelschäler in dünne Scheiben schneiden. Das Grün der Frühlingszwiebeln schräg klein schneiden, die feinen Zwiebelchen in dünne Scheiben schneiden. Das Gemüse mit Salz, etwas Olivenöl und einem Spritzer Zitronensaft würzen.

„Lingue" mit allem Gemüse belegen und für weitere 5 Minuten in den Ofen schieben. Solange die Pizzazungen noch heiß sind, mit einem Löffel Häufchen von Burrata oder Frischkäse darauf setzen.

Vegane Rezeptvariante: Ersetzen Sie den Frischkäse durch Tofu, der mit kleingehackten Oliven zerdrückt wurde.

---

* Burrata ist ein italienischer Kuhmilch-Frischkäse mit hohem Fettgehalt, der wie Mozzarella auch ein sogenannter Filatakäse ist. Sein Inneres ist sahnig, das Äußere ähnelt dem von Mozzarella, er ist in kleinen Säckchen erhältlich, die dekorativ in die Blätter eines Liliengewächses eingeschlagen sind. Burrata ist in italienischen Feinkostläden und ausgesuchten Käsehandlungen erhältlich.

Pizza mit gefüllten Zucchini-Blüten

Für 2 Personen • Zubereitung: 10 Minuten • Garzeit: 20 Minuten

200 g weißer Pizzateig,
siehe Grundrezepte S. 4–6

6 Zucchini-Blüten
160 g Mozzarella, gut
abgetropft
4 EL fein gehackte Tomaten
aus der Dose
12 Datteltomaten (alternativ:
längliche Kirschtomaten)
1 Zucchini
Salz
natives Olivenöl
etwas Parmesankäse, grob
gerieben
2 kleine Zweige frische Minze
frisch gemahlener Pfeffer

Den Backofen mit 2 kleinen Pizzasteinen oder -formen (ca. 25 cm Durchmesser*) auf 220 °C vorheizen.

Den Teig halbieren und zu zwei Teigplatten in der Größe der beiden Formen auseinander ziehen.

Die Zucchini-Blüten vorsichtig waschen, mit Küchenkrepp trockentupfen und die Blütenstände herausnehmen. Mozzarella klein würfeln und die Blüten damit füllen.

Die beiden Teigplatten auf die heißen Steinplatten legen, mit den fein gehackten Tomaten bestreichen, die Datteltomaten halbieren und darauf legen, Zucchini fein hobeln und darüber verteilen.

Salzen, etwas Olivenöl darüber gießen und 10 Minuten im Backofen backen.
Herausnehmen, die gefüllten Zucchini-Blüten darauf verteilen und die Pizzas in weiteren 10 Minuten fertig backen.

Herausnehmen und mit grob geriebenen Parmesankäse und Minzeblättern garnieren, natives Olivenöl darüber träufeln und nach Geschmack etwas Pfeffer aus der Mühle darüber mahlen.

Rezeptvariante: Nicht-Vegetarier Version geben Sie noch je ein Sardellenfilet mit den Käsewürfelchen in jede Blüte.

* Statt 2 Pizzas mit 25 cm können Sie aus diesen Zutaten auch eine große Pizza mit 35 cm Durchmesser backen.

Dunkle Focaccia mit Fischsalat

Für 6–8 Personen • Zubereitung: 15 Minuten • Gehzeit: 45 Minuten •
Garzeit Fisch: 1 Minute • Garzeit Focaccia: 30–40 Minuten

450 g weißer Pizzateig,
siehe Grundrezept S. 6, in den
3 EL aromatische, schwarze
Olivenpaste (z. B. Tapenade)
eingearbeitet wurde

natives Olivenöl
200 g feingehackte Tomaten
aus der Dose, leicht gesalzen
1 Knoblauchzehe
1 rote Chili/Peperoncino
2 Stängel Basilikum

300 g Pelamidenfilet
(alternativ: frischer Thunfisch
oder Makrelenfilet)
1 kleine Gurke
2 mittelreife Tomaten
2 Stangen Staudensellerie
1 kleine rote Zwiebel, geschält
und in Scheiben geschnitten
2–3 EL schwarze Oliven
(Gaeta- oder Kalamata-Oliven)
Rotweinessig
Salz

Den Backofen mit Pizzastein auf 220 °C vorheizen.

Den Teig auf bemehltem Backpapier auseinander ziehen (dabei leicht die Luft herausdrücken) und unter einem sauberen Geschirrtuch ca. 30 Minuten gehen lassen. Mit in Öl getunkten Fingern viele Grübchen in den Focacciateig drücken und die gesalzenen Tomaten aus der Dose darüber verteilen, dann den Teig weitere 15 Minuten gehen lassen.

In der Zwischenzeit Knoblauchzehe schälen, Chilischote halbieren und die Kerne entfernen. Beides in dünne Scheibchen schneiden und zusammen mit den zerkleinerten Basilikumblättern in ein Schälchen mit nativem Olivenöl einlegen.

Das Fischfilet in einer heißen, beschichteten Pfanne fettfrei 30 Sekunden lang auf jeder Seite anbraten. Den Fisch abkühlen lassen, in kleine Würfel schneiden, salzen und mit etwas Olivenöl überziehen.

Tomaten, Gurke und Selleriestangen waschen. Die Tomaten in Spalten, Selleriestangen und Gurke in Scheiben schneiden. Mit den schwarzen Oliven und den Zwiebelscheiben mischen. Den Salat nach Belieben mit dem aromatisierten Olivenöl, Salz und Essig anrichten. Die abgekühlten Fischwürfel in den Salat geben.
Den Focacciateig auf den heißen und leicht gefetteten Pizzastein geben und 30–40 Minuten backen.

Die noch warme Focaccia portionieren, mit dem Salat und einigen Basilikumblättern garnieren und servieren.

Vegane Rezeptvariante: Den Fisch durch 2 EL Kapern ersetzen.

Ligurische Focaccia mit Frischkäse

Für 4–6 Personen • Zubereitung: 10 Minuten • Garzeit: ca. 15 Minuten

350 g weißer Pizzateig,
siehe Grundrezept S. 4–6

300 g italienischer Frischkäse,
z. B. Crescenza, Stracchino
oder Ricotta (alternativ: Quark
oder Schichtkäse)
Salz
frisch gemahlener Pfeffer
etwas Olivenöl

Den Backofen mit dem Pizzastein auf 220 °C vorheizen.

Den Teig in zwei gleich große Stücke teilen. Das erste Stück auf einer gut bemehlten Arbeitsfläche sehr dünn zu einem Rechteck ausrollen.

Den dünn ausgerollten Teig auf den im Backofen erhitzten und gut bemehlten Pizzastein legen. Den Frischkäse rasch auf dem Teig verteilen, leicht salzen. Dann das zweite Teigstück dünn rechteckig ausrollen und auf die Käsemasse legen*.

Damit der Käse nicht auslaufen kann, die Teigränder einrollen. Die Teigoberfläche mit kleinen Einschnitten versehen und mit Olivenöl bepinseln. Die Focaccia im Ofen ca. 15 Minuten backen, bis ihre Oberfläche golden wird und der Käse vollkommen geschmolzen ist.
Zum Schluss die Focaccia mit etwas frisch gemahlenem Pfeffer würzen und direkt aus dem Backofen servieren.

* Den Focacciateig kann man auch auf bemehltem Backpapier zubereiten und erst kurz vor dem Backen auf den im Backofen erhitzten Pizzastein gleiten lassen.

Panzerotti – gefüllte Teigtaschen mit Ricotta und Kräutern

Für 6 Personen • Zubereitung: 30 Minuten • Garzeit Kräuter: ca. 5 Minuten • Garzeit Panzerotti: 15 Minuten

300 g weißer Pizzateig,
siehe Grundrezepte S. 4–6

250 g frische gemischte
Kräuter oder Blattspinat
natives Olivenöl
½ Knoblauchzehe
1 getrocknete Chilischote/
Peperoncino, fein geschnitten
250 g Schafsmilch-Ricotta
60 g mittelreifer Pecorino
(italienischer Hartkäse aus
Schafsmilch), gerieben
1 EL passierte Tomaten
Meersalz

Den Backofen mit dem Pizzastein auf 220 °C vorheizen.

Kräuter oder Spinat waschen und klein schneiden. Eine beschichtete Pfanne mit 2 EL Olivenöl erhitzen, die halbe Knoblauchzehe fein schneiden und zusammen mit der Hälfte der Chilikrümel hinzufügen. Die Kräuter in die Pfanne geben, salzen und einige Minuten dünsten. Verbleibende Kochflüssigkeit abgießen.

Auf einer bemehlten Fläche den Pizzateig dünn ausrollen. Mit einem Teigrädchen ein Dutzend Kreise (10–12 cm Durchmesser) ausrädeln oder einen Ravioliausstecher in der entsprechenden Größe verwenden.
In die Mitte jeder der Rondellen etwas Kräuter, 1 EL Ricotta und eine Prise geriebenen Pecorino-Käse geben. Die Teigtaschen zusammenklappen, die Ränder mit einer Gabel fest andrücken.

Die passierten Tomaten mit der restlichen Chili und Meersalz würzen, mit 1 EL Olivenöl vermischen.

Den im Backofen vorgewärmten Pizzastein mit Mehl bestäuben, die Panzerotti darauf verteilen und mit der Tomatensauce bepinseln.
Die Teigtaschen im Ofen 15 Minuten backen. Sie können entweder heiß oder warm serviert werden.

Pizzarolle mit Salsiccia

Für 6–8 Personen • Zubereitung: 25 Minuten • Ruhezeit: 15 Minuten •
Garzeit Salsiccia: 20 Minuten • Garzeit Pizzarolle: 45 Minuten

450 g weißer Pizzateig,
siehe Grundrezept S. 6
etwas Mehl

400 g Broccoli oder
Cima di rapa*
200 g frische Salsiccia
(alternativ: würzige
Schweinsbratwurst)
1 unbehandelte Bio-Zitrone
1 unbehandelte Bio-Orange
frisch gemahlener Pfeffer
1 TL Fenchelsamen, kurz
angeröstet
150 g Mozzarella, gut
abgetropft und in dünne
Scheiben geschnitten
natives Olivenöl
Salz

Den Backofen mit dem Pizzastein auf 220 °C vorheizen.

Den Pizzateig auf der bemehlten Arbeitsfläche zu einem Rechteck ausrollen und auf ein bemehltes Backpapier legen. Ein bis zwei schmale Teigstreifen abschneiden.

Broccoli oder Stängelkohl in kochendem Salzwasser kurz blanchieren, abgießen und grob zerteilen.

Die Wurst aus der Hülle drücken, mit dem Schalenabrieb von je ½ Zitrusfrucht, etwas Pfeffer und gerösteten Fenchelsamen würzen und in einer Pfanne ohne Fett anbraten. Sobald das Brät annimmt, mit einem Schaumlöffel herausnehmen und überschüssiges Fett abtropfen lassen.

Das aromatisierte Wurstbrät über dem Teig verteilen, mit Broccoli und Käsescheiben belegen. Das Ganze von der Längsseite aufrollen, die Seitenränder einschlagen, um die Pizza zu verschließen. Mit dem beiseite gelegten Teigstreifen die Pizza zubinden (siehe Abbildung).

Zitrusfrüchte auspressen und 2 EL natives Olivenöl mit 1 EL Zitronensaft, 2 EL Orangensaft und einer kleinen Prise Salz verrühren. Die Pizza damit einpinseln und mit dem Backpapier auf den heißen Pizzastein legen. Im Ofen 45 Minuten bei 220 °C backen.

Die Pizza 15 Minuten ruhen lassen. In Scheiben schneiden, mit dem Zestenreißer feine Streifen von Orangen- und Zitronenschale darüber verteilen und servieren.

* Stängelkohl, im italienischen Lebensmittelladen oder an gut sortieren Gemüseständen auf dem Markt erhältlich.

Pizza mit Tomaten und zweierlei Auberginen

Für 6 Personen • Zubereitung: 25 Minuten + 12 Stunden, um den Joghurt abtropfen zu lassen • Garzeit Auberginen: 20 Minuten • Garzeit Pizza: 20 Minuten

400 g weißer Pizzateig,
siehe Grundrezepte S. 4–6

600 g Vollmilchjoghurt
feines Salz
1 runde Aubergine
1 Knoblauchzehe
grobes Meersalz
1 Msp. Chilipulver
1 Hand voll Basilikumblätter
1 längliche Aubergine
natives Olivenöl
erhitzbares Olivenöl zum
Frittieren
150 g aromatische Tomaten,
Strunk entfernt, Fruchtfleisch
fein gehackt
1 kleines Bund Majoran

Joghurt mit 2 Prisen Salz vermischen. Ein Sieb mit einem feinen Tuch (Küchenmull) auslegen, in eine passende Schüssel hängen und den Joghurt darin 12 Stunden im Kühlschrank abtropfen lassen, bis er zu einer dichten, cremigen Masse wird.

Den Backofen mit dem Pizzastein auf 180 °C vorheizen.

Runde Aubergine mit etwas Öl einreiben und ca. 20 Minuten in den Backofen geben, bis sie weich wird. In der Zwischenzeit im Mörser den Knoblauch, eine Prise grobes Salz, Chilipulver, Basilikumblätter und 1 EL Öl zu einem Pesto verarbeiten. Die abgekühlte Aubergine schälen, das Fruchtfleisch zerdrücken und mit dem Pesto würzen.

Die Backofentemperatur auf 220 °C erhöhen.

Die lange Aubergine waschen und ungeschält in feine Scheiben hobeln. Die Scheiben in Olivenöl frittieren, die Chips auf Küchenpapier abtropfen lassen und leicht salzen.

Den Pizzateig auf der bemehlten Arbeitsplatte auseinander ziehen – von der Mitte ausgehend, so dass die Ränder eher dick bleiben – und auf den heißen Pizzastein legen.
Die fein gehackten Tomaten darauf verteilen, salzen und im vorgeheizten Backofen bei 220 °C ca. 20 Minuten backen.

Sobald die Pizza aus dem Ofen kommt, mit der Auberginencreme, dem Joghurt, den Auberginen-Chips sowie mit Majoranblättchen garnieren und sofort servieren.

Weiße Pizza mit marinierten frischen Sardellen

Für 6 Personen • Zubereitung: 35 Minuten • Ruhezeit: 10 Minuten • Garzeit: 15 Minuten

300 g weißer oder
Vollkorn-Pizzateig,
siehe Grundrezepte S. 4–6
Mehl für die Arbeitsfläche

24 frische Sardellen oder
kleine Sardinen
feines Salz
natives Olivenöl
1 rote Zwiebel, geschält
1 unbehandelte Zedratzitrone
(Cedri; alternativ: normale
Zitronen, dann Schale
entfernen)
1 TL Fenchelsamen,
angequetscht
1 TL gerebelter Oregano

Den Backofen mit dem Pizzastein auf 220 °C vorheizen.

Von den Sardellen oder Sardinen den Kopf entfernen, entgräten, aber am Schwanzende zusammen lassen und unter fließendem Wasser gut abwaschen. Flach auf einem Tablett auslegen, mit 2–3 EL feinem Salz bestreuen und das Ganze für 10 Minuten in den Kühlschrank legen. Das Salz gut abwaschen, die Doppelfilets mit Küchenpapier trocken tupfen und in 3 EL Olivenöl einlegen.

Die Zwiebel und die Zitrone in feine Scheiben schneiden.

Den Teig auf der gut bemehlten Arbeitsfläche hauchdünn ausrollen. 10 Minuten mit einem Tuch abgedeckt ruhen lassen. Dann in Streifen und anschließend in Rechtecke von 12–15 cm Seitenlänge schneiden.
Auf dem im Backofen erhitzten Pizzastein anordnen und bei 220 °C 10 Minuten im Ofen backen.

Herausnehmen und auf jedes Rechteck 2 marinierte Fischfilets, 1 Zitronenscheibe, ein paar Zwiebelringe und eine kleine Prise Fenchelsamen und Oregano geben. Mit wenig Olivenöl überträufeln und die „Pizza bianca" 3–4 Minuten im sehr heißen Ofen übergrillen.

Mini-Focaccias aus Kartoffeln

Für 6–8 Personen • Zubereitung: 20 Minuten + 2 Stunden Gehzeit •
Garzeit Kartoffeln: 30 Minuten • Garzeit Mini-Focaccias 15 Minuten

200 g Kartoffeln, mehlig
kochend

25 g frische Hefe

100 ml lauwarmes Wasser

600 g Mehl Type 405

feines Meersalz

natives Olivenöl

Fleur de sel (alternativ: frisch
gemahlenes, grobes
Meersalz)

Den Backofen mit 2 Pizzasteinen auf 220 °C vorheizen.

Die Kartoffeln in Wasser gar kochen, abgießen und schälen.
Die noch heißen Pellkartoffeln durch eine Kartoffelpresse
oder Flotte Lotte/Passevite drücken und abkühlen lassen.

Die Hefe in einem halben Glas lauwarmem Wasser auflösen.
Das Mehl auf die Arbeitsfläche sieben; in die Mitte die Kartof-
felmasse und die Hefe geben.
Auf dem Mehl 1 TL Salz verteilen*. Die Kartoffel-Mehlmasse
mit etwas lauwarmem Wasser ca. 10 Minuten zu einem glat-
ten Teig kneten (nur soviel Wasser zugeben, wie nötig ist,
damit es ein weicher Teig wird). Den Teig in eine Rührschüs-
sel geben, mit einem Geschirrtuch bedecken und so lange
bei Zimmertemperatur gehen lassen, bis sich sein Volumen
verdoppelt hat.

Aus dem Teig 12–16 Kugeln formen, jeweils mit Mehl bestäuben und 10 Minuten ruhen lassen. Die Kugeln flach drücken
und mit einer Messerspitze 3–5 kleine Löcher in jede Kugel
stechen, die dann mit bemehlten Fingern etwas vergrößert
werden.

Die Mini-Focaccias auf den beiden im Backofen vorgewärmten Pizzasteinen verteilen. Die Teigoberfläche rasch mit einer
Mischung aus Wasser und Öl (zu gleichen Teilen) bepinseln
und mit etwas Fleur de sel bestreuen. 10 Minuten ruhen lassen.

Mini-Focaccias ca. 15 Minuten im vorgeheizten Backofen backen und zum Aperitif mit verschiedenen Ziegenkäsesorten,
Oliven und einem Glas Pastis servieren.

* Die Hefe darf nicht direkt mit
dem Salz in Berührung kommen,
da sie „lebendige" Organismen
enthält und das Salz das Aufgehen
des Teiges verhindern würde.

Pizzazungen mit Radicchio und Brie

Für 2 Personen • Zubereitung: 10 Minuten • Ruhezeit: 15 Minuten •
Garzeit Radicchio: 3 Minuten • Garzeit Pizzazungen: 20 Minuten

250 g weißer Pizzateig,
siehe Grundrezepte S. 4–6

1 kleiner Radicchiokopf
Salz
150 ml Weißweinessig
natives Olivenöl
200 g Brie (oder ein anderer
Weichkäse mit weißer Rinde)
4 Streifen Frühstücksspeck
oder Bacon
1 frischer, großer Steinpilz
(oder ein paar tiefgekühlte
Steinpilzstücke; alternativ:
4 frische Champignons)
1 Stück Parmesan, ca. 30 g
frisch gemahlener Pfeffer

Den Backofen mit Pizzastein darin auf 220 °C vorheizen.

Den Radicchio entblättern. In einem kleinen Kochtopf gesalzenes Wasser zum Kochen bringen, den Essig hinzufügen. Die Radicchioblätter in das kochende Wasser geben und 3 Minuten ziehen lassen. Den Radicchio abseihen, in einen Teller geben, mit etwas Olivenöl überziehen und ganz abkühlen lassen.*

Den Teig 15 Minuten ruhen lassen, in der Mitte teilen und mit bemehlten Händen behutsam auseinander ziehen, bis zwei längliche, schmale Zungen entstehen. Falls nötig, den Teig etwas breiter drücken.

Die Teigzungen auf den im Backofen vorgewärmten Pizzastein legen. Auf jede der „Lingue" einige Scheiben Briekäse und Radicchio verteilen je 2 gedrittelte Speckstreifen.

Die Pizzazungen im vorgeheizten Ofen 15 Minuten backen. Aus dem Ofen nehmen, mit den zuvor gesalzenen und mit Pfeffer gewürzten Steinpilzen (frisch oder tiefgekühlt) oder Champignons belegen. Das Ganze für weitere 5 Minuten in den Backofen geben.

„Lingue" aus dem Ofen nehmen, Parmesanspäne darüber hobeln, großzügig pfeffern und sofort servieren.

Vegetarische Rezeptvariante: Einfach den Speck weglassen.
Vegane Rezeptvariante: Speck und Käse durch die doppelte Menge Radicchio und Pilze ersetzen.

* Der Radicchio kann bis zu zwei Tage vorher zubereitet und im Kühlschrank aufbewahrt werden.

Weiße Pizza mit Lauch, Salami und Kürbismus

Für 8 Personen • Zubereitung: 25 Minuten • Gehzeit: 15 Minuten • Garzeit: 40 Minuten

450 g weißer oder Vollkorn-Pizzateig,
siehe Grundrezepte S. 4–6

1 dicke Lauchstange
natives Olivenöl, Salz
300 g Kürbis-Fruchtfleisch, geschält und ohne Kerne
1 Knoblauchzehe, geschält
1 kleiner Rosmarinzweig
1–2 EL Tahine (Sesampaste)
Chilipulver
1 kleines Bund junger Salbei
1 kleine Wildschweinsalami oder roher Schinken (ca. 80 g)

Vegane Rezeptvariante:
Einige Tropfen Salbeiöl darauf verteilen, die Salami bzw. den Schinken weglassen und nur mit dem Kürbismus servieren.

Den Backofen mit Pizzastein auf 220 °C vorheizen.

Teig auf einem bemehlten Backpapier so auseinander ziehen, dass er zu einer ½ cm hohen Focaccia wird. Bedecken und 15 Minuten bei Zimmertemperatur gehen lassen, dann mit den Fingerspitzen Dellen in die Oberfläche drücken.

Lauch in dünne Scheiben schneiden, reichlich Öl und 1–2 EL Salzwasser dazu geben und mischen. Teig auf den heißen Pizzastein legen. Lauch darauf verteilen und die Focaccia bei 220 °C ca. 40 Minuten backen, bis ihre Oberfläche golden und sie schön aufgegangen ist.

In der Zwischenzeit den Kürbis klein würfeln und in eine hitzebeständige Schüssel geben, den in dünne Blättchen geschnittenen Knoblauch, etwas Öl und Salz daruntermischen und den Rosmarin hinzufügen. Im oberen Bereich des Backofens 20 Minuten mitbacken (die Pizza ist bereits unten eingeschoben). Wenn der Kürbis weich ist, im Mixer mit der Tahine pürieren. Mit Chilipulver und Salz abschmecken.

Die Salbeiblätter 1 Minute lang in kochendem Salzwasser blanchieren, mit dem Schaumlöffel herausnehmen, grob zerkleinern und zusammen mit 5 EL Öl mit dem Pürierstab zu einem cremigen Salbeiöl verarbeiten.

Wenn die Pizza fertig gebacken ist, mit dünnen Salami- oder Schinkenscheiben belegen, mit dem Salbeiöl beträufeln und mit dem separat gereichten Kürbismus servieren.

Mini-Focaccias mit Ofentomaten und Frühlingszwiebeln

Für 8 Personen • Zubereitung: 20 Minuten • Gehzeit: 15 Minuten •
Garzeit Tomaten: 1 Stunde • Garzeit Mini-Focaccias: 10 Minuten

450 g weißer oder
Vollkorn-Pizzateig,
siehe Grundrezepte S. 4–6
etwas Mehl

12 Kirschtomaten
1 Knoblauchzehe, geschält
Salz
natives Olivenöl
2 Frühlingszwiebeln
6 Mini-Mozzarellas
1 Handvoll wilde Rauke
frisch gemahlener Pfeffer

Schnelle Rezeptvariante:
Die Tomaten halbieren und nur
knapp mit dem Knoblauch und
etwas Öl im Backofen übergrillen (siehe Abbildung).

Den Backofen mit Pizzastein auf 100 °C vorheizen.

Die Tomaten halbieren und auf dem Backblech verteilen. Die
Knoblauchzehe in feine Blättchen schneiden, auf den Tomatenhälften verteilen. Tomaten salzen, mit etwas Olivenöl beträufeln und ca. 1 Stunde im Ofen backen. Anschließend die
Tomaten mit etwas Küchenkrepp trocken tupfen und abkühlen lassen.

Die Temperatur des Backofens auf 220 °C erhöhen.

Eine Frühlingszwiebel in feine Scheiben schneiden und in
der Pfanne mit 1 EL Olivenöl und 1 Prise Salz kurz anbraten.

Den Teig auf der bemehlten Arbeitsfläche leicht auseinander
ziehen und die Frühlingszwiebel darauf verteilen. Den Teig
aufrollen und kurz durchkneten, damit sie gleichmäßig verteilt wird. Aus dem Teig 8–12 Kugeln formen, jeweils mit Mehl
bestäuben und 15 Minuten ruhen lassen.

Die einzelnen Kugeln auseinander ziehen, zu Mini-Focaccias
formen und auf den im Backofen vorgewärmten und bemehlten Pizzastein legen. 1 EL Wasser und 1 EL Olivenöl mit einer
Prise Salz verrühren und die Teigoberfläche damit rasch bepinseln. Die Mini-Focaccias ca. 10 Minuten im Ofen backen.
Mit halbierten Mozzarella-Minis, den gebackenen Tomaten,
einigen rohen Streifen der zweiten Frühlingszwiebel sowie
einigen Blättern Rucola dekorieren. Heiß oder lauwarm servieren.

Pizza mit pochiertem Ei

Für 2 Personen • Zubereitung: 10 Minuten • Ruhezeit: 15 Minuten •
Garzeit Petersilie und Eier: 8 Minuten • Garzeit Pizza: 13 Minuten

200 g weißer Pizzateig,
siehe Grundrezepte S. 4–6

1 Bund glattblättrige Petersilie
natives Olivenöl
Salz
2 EL fein gehackte Tomaten
aus der Dose
10 dünne Scheiben
geräucherter Scamorza**
1 rote Schalotte
2 ganz frische Eier
1 EL Essig
10 Kirschtomaten
12 kleine schwarze Oliven
einige Basilikumblätter

* Statt 2 Pizzas mit 25 cm können
Sie aus diesen Zutaten auch eine
große Pizza mit 35 cm Durchmesser backen.
** Scamorza ist – wie Mozzarella
auch – ein italienischer Filatakäse,
der meist geräuchert angeboten
wird und eine typische Birnenform besitzt. Als Ersatz kann auch
geräucherter Mozzarella verwendet werden. Ein normal großer
Scamorza ergibt ca. 10 dünne
Scheiben.

Den Backofen mit 2 kleinen Pizzasteinen oder -formen
(ca. 25 cm Durchmesser*) auf 250 °C vorheizen.

Pizzateig halbieren, 2 Kugeln daraus formen und 15 Minuten
ruhen lassen. Anschließend die Kugeln auf der bemehlten
Arbeitsfläche auseinander ziehen.

Petersilienblätter in kochendem Wasser 2 Minuten blanchieren, durch ein Sieb abgießen und sofort in Eiswasser eintauchen, dann im Sieb abtropfen lassen. Petersilie in ein hohes
Gefäß geben, 2 EL Wasser, 3 EL Öl und eine kleine Prise Salz
dazugeben und mit dem Pürierstab glattrühren.

Teigplatten auf die heißen Pizzasteine legen, mit Tomaten aus
der Dose bestreichen. Käsescheiben fächerartig darauf
legen, Schalotte in feine Ringe schneiden und darüber verteilen. 10 Minuten im Ofen backen.

In einem Topf Wasser mit 1 EL Essig zum Kochen bringen.
Eier darin nacheinander (je ca. 3 Minuten) vorsichtig pochieren, herausnehmen und in kaltes Wasser tauchen, damit sie
nicht weitergaren.

Kirschtomaten in Spalten schneiden, salzen, etwas Öl darüber träufeln. Mit den Oliven auf beiden Pizzas verteilen und
diese nochmals für 2 Minuten in den Ofen geben.

Je 1 Ei darauf setzen, einige Basilikumblätter darauf verteilen
und noch knapp 1 Minute fertig backen.

Mit Petersilienöl grüne Spritzer auf die beiden Pizzas geben
und servieren.

Focaccia mit Wildkräutersalat

Für 4–6 Personen • Zubereitung: 20 Minuten • Garzeit: 10–12 Minuten

250 g weißer Pizzateig,
siehe Grundrezepte S. 4–6

3 EL natives Olivenöl

3 EL Wasser

Meersalz

150 g gemischte Wildkräuter,
z. B. Rauke, Löwenzahn,
Sauerampfer ...

kalt gepresstes Haselnussöl

350 g italienischer Frischkäse,
z. B. Ricotta

3 EL Sahne/Rahm

60 g Haselnüsse, geröstet

frisch gemahlener Pfeffer

Den Backofen mit Pizzastein auf 250 °C vorheizen.

Den Teig zu einer Platte von ca. 30 cm Durchmesser ausrollen; mit einer Gabel Löcher in den Teig stechen und den Fladen auf den heißen Pizzastein legen.

Olivenöl und Wasser mit einer Prise Salz verrühren. Die Teigoberfläche rasch damit bepinseln und die Focaccia 10–12 Minuten im vorgeheizten Ofen backen.

Die Wildkräuter verlesen, waschen, trocknen und mit etwas Haselnussöl überträufeln, mit Salz und Pfeffer abschmecken.

Die Ricotta mit der Sahne verrühren, die Haselnüsse grob hacken und unter die Ricotta-Sahne-Creme mischen.

Die Focaccia in Stücke teilen, jede Portion mit 1 EL Ricotta-Creme bestreichen und etwas Wildsalat darauf anrichten. Mit reichlich Pfeffer würzen und servieren.

Gefüllte Pizzataschen

Für 4 Personen • Zubereitung: 20 Minuten • Garzeit Gemüse: 30 Minuten •
Garzeit Pizza: 10 Minuten

400 g weißer Pizzateig,
siehe Grundrezepte S. 4–6

natives Olivenöl

3 Knoblauchzehen

200 g klein gehackte Tomaten
aus der Dose

4 große Basilikumblätter,
gehackt

Salz

Chilipulver

250 g Blumenkohl oder
Romanesco

1 kleine Zwiebel

etwas Wasser

2 EL schwarze Oliven,
entsteint

100 g mittelreifer Pecorino
(italienischer Hartkäse aus
Schafsmilch)

frisch gemahlener Pfeffer oder
Chiliflocken

Den Backofen mit dem Pizzastein auf 250 °C vorheizen.

In einer beschichteten Pfanne 2 EL Öl mit zwei ungeschälten zerdrückten Knoblauchzehen erhitzen.
Die Tomaten aus der Dose und 4 Basilikumblätter hinzufügen und bei starker Hitze 5 Minuten aufkochen, damit die Sauce den Geschmack annimmt. Vom Herd nehmen, nach Belieben salzen und mit Chilipulver würzen, erkalten lassen und erst dann den Knoblauch entfernen.

Blumenkohl oder Romanesco putzen und in Röschen zerteilen. In einer Pfanne mit einer ungeschälten angequetschten Knoblauchzehe und 1 EL Öl anbraten.

Die Zwiebel fein schneiden und in einer Pfanne mit 1 EL Öl und 2 EL Wasser dünsten. Sobald das Wasser verdunstet ist, salzen und bräunen lassen.

Den Teig in 4 Portionen teilen. Jede Portion zu einem dünnen Rechteck ausrollen, jeweils in die Mitte die Tomatensauce, die Zwiebeln, die Oliven, den Blumenkohl und den in dünne Scheiben geschnittenen Pecorino geben – jeweils in dieser Reihenfolge. Zwei Seiten des Teigs über der Füllung einschlagen, so dass sich eine Tasche bildet. Die beiden offenen Enden einrollen, um die Tasche zu verschließen.

Die 4 Teigtaschen auf den zuvor im Ofen erhitzten Pizzastein legen. Mit einer Mischung aus Öl und Wasser bestreichen und 10 Minuten im Backofen backen. Sollte der Teig danach noch blass und weich sein, einige Minuten weiter backen.

Mit Pfeffer oder Chiliflocken bestreuen und sofort servieren.

Pizza mit zweierlei Mozzarella

Für 2–4 Personen • Zubereitung: 10 Minuten • Ruhezeit: 15 Minuten • Garzeit: 15 Minuten

250 g weißer Pizzateig,
siehe Grundrezepte S. 4–6

1 Schalotte
6 Cocktailtomaten
2 grüne, längliche
Paprikaschoten/Peperoni
natives Olivenöl
Salz
100 g klein gehackte Tomaten
aus der Dose
8 dünne Scheiben Mozzarella
2 EL schwarze Oliven
200 g Büffelmozzarella
2 Stängel Basilikum
1 TL Oregano, gerebelt
frisch gemahlener Pfeffer

Den Backofen mit 2 kleinen Pizzasteinen oder- formen (ca. 25 cm Durchmesser) auf 250 °C vorheizen.

Die Schalotte schälen und in dünne Scheiben schneiden, die Cocktailtomaten vierteln.
Die Paprika in dünne Ringe schneiden, Kerne und Strunk entfernen. Die Ringe mit etwas Öl und Salz vermischen.

Den Teig halbieren und 2 Brote daraus formen, mit einem Tuch zudecken und 15 Minuten gehen lassen.
Auf der bemehlten Arbeitsfläche aus den Massen 2 dünne Teigplatten in der Größe der Pizzasteine ausrollen*.
Die Teigplatten auf die beiden heißen Pizzasteine legen, die zuvor leicht mit Salz gewürzten Dosentomaten darauf verteilen und mit Olivenöl überziehen. Im Ofen 5 Minuten backen.

Die Pizzas herausnehmen, mit Mozzarellascheiben, geviertelten Tomaten, schwarzen Oliven und Zwiebelringen belegen und nochmals ca. 10 Minuten backen.

Die noch heißen Pizzas mit großen Stücken Büffelmozzarella, den marinierten Paprikaringen und reichlich Basilikum belegen, Oregano und beliebig viel Pfeffer darüber streuen.

* Statt 2 Pizzas mit 25 cm können Sie aus diesen Zutaten auch eine große Pizza mit 35 cm Durchmesser backen.

Pizza Vegetariana

Für 4 Personen • Zubereitung: 20 Minuten • Garzeit Gemüse: 20 Minuten •
Garzeit Pizza: 20 Minuten

400 g weißer oder
Vollkorn-Pizzateig,
siehe Grundrezepte S. 4–6

1 weiße Zwiebel

2 junge Karotten

1 Aubergine

½ rote Paprikaschote/
Peperoni

½ gelbe Paprikaschote/
Peperoni

2 Zucchini

natives Olivenöl

Salz

frisch gemahlener Pfeffer

1 EL Sherry-Essig

150 g fein gehackte Tomaten
aus der Dose

8 Mini-Mozzarellakugeln,
halbiert

1 kleines Bund Basilikum

Den Backofen mit dem Pizzastein darin auf 200 °C vorheizen.

Das Gemüse putzen und in Streifen oder Viertel schneiden, mit 2–3 EL Olivenöl vermischen und auf ein mit Backpapier ausgelegtes Backblech legen. Das Gemüse im Backofen bei 200 °C ca. 20 Minuten garen, bis es weich ist. Das noch heiße Gemüse mit Salz, Pfeffer und Sherry-Essig würzen.

Den Backofen auf 220 °C hochschalten.

Den Teig auf der bemehlten Arbeitsplatte auseinander ziehen und die fein gehackten Tomaten darauf verteilen. Die Pizza auf den heißen Pizzastein legen und im Ofen ca. 20 Minuten bei 220 °C backen, bis sie schön golden ist. Die Pizza mit dem gemischten Gemüse belegen und zum Aufwärmen noch ein paar Minuten in den Backofen schieben.

Die Pizza mit den Mozzarellahälften belegen, mit nativem Olivenöl überziehen und mit Salz und Pfeffer abschmecken. Zum Schluss mit Basilikumblättern dekorieren.

Vegane Rezeptvariante: Lassen Sie einfach den Mozzarella weg!

Mini-Focaccias mit Jakobsmuscheln

Für 4 Personen • Zubereitung: 10 Minuten • Ruhezeit: 15 Minuten •
Garzeit Muscheln: 1 Minute • Garzeit Mini-Focaccias: 18 Minuten

250 g weißer Pizzateig,
siehe Grundrezepte S. 4–6
natives Olivenöl
etwas Wasser
Salz

16 Kirschtomaten, halbiert
oder geviertelt
8 Jakobsmuscheln ohne Corail
8 dünne Scheiben
geräucherter Bauchspeck
oder Bacon
1 Bund gemischte Kräuter
(Petersilie, Basilikum, Minze,
Dill, Schnittlauch)
natives Olivenöl
frisch gemahlener Pfeffer

Den Backofen auf 200 °C vorheizen.

Aus dem Teig 8 Kugeln formen und 15 Minuten ruhen lassen. Die Kugeln zu 8 dünnen, ovalen Mini-Focaccias auseinander ziehen, auf den leicht geölten Pizzastein legen, mit einer Wasser-Öl-Mischung (zu gleichen Teilen) bepinseln und salzen.

Die Mini-Focaccias mit den separat gesalzenen Tomatenhälften oder -vierteln garnieren und sofort 10–12 Minuten im Ofen golden und knusprig backen.

Die Jakobsmuscheln trocken tupfen und jeweils mit einem Speckstreifen umwickeln. In einer heißen Pfanne ohne Fett 30 Sekunden pro Seite anbraten und danach auf Küchenkrepp legen.

Jeweils eine Jakobsmuschel auf jeder Mini-Focaccia platzieren und nochmals 3 Minuten in den Ofen schieben.
In der Zwischenzeit die Kräuter waschen, trockenschütteln, Stiele entfernen und die Kräutern feinhacken. In einem kleinen Schälchen mit etwas Olivenöl vermischen.

Einige Kräuter neben jede Jakobsmuschel geben. Mit Pfeffer würzen und sofort servieren.

Weiße Pizza mit Chicorée, Gorgonzola, Walnusscreme und Dill

Für 6 Personen • Zubereitung: 10 Minuten • Ruhezeit: 15 Minuten + 10 Minuten Wartezeit • Garzeit: 40 Minuten

450 g weißer oder Vollkorn-Pizzateig, *siehe Grundrezepte S. 4–6*

200 g Gorgonzola (alternativ Roquefort oder ein anderer Blauschimmelkäse)
15 Walnüsse/Baumnüsse, geschält
150 ml Sahne/Rahm
4 EL Parmesankäse, gerieben
2 Chicorée
3 Stängel Dill
1–2 Hand voll beliebige Sprossen, z. B. Kresse, Brunnenkresse, Rucola, Sonnenblumen etc.
natives Olivenöl
Salz
Pfeffer aus der Mühle

Den Ofen mit dem Pizzastein bei 220 °C vorheizen.

Den Teig auf einem bemehltem Backpapier auseinander ziehen, bis er etwas kleiner als der Pizzastein ist. 15 Minuten darauf ruhen lassen.

Gorgonzola in kleine Würfel schneiden, die Hälfte der Walnüsse fein hacken. Die Sahne mit dem Parmesankäse und den gehackten Walnüssen vermischen. Bei Bedarf noch 1 oder 2 EL Sahne hinzufügen.

Den Teig auf den heißen Pizzastein geben. Rasch die Gorgonzola-Würfelchen mit den Fingern in den Teig drücken. Die Pizza 20 Minuten in den Ofen geben.

Die Pizza herausnehmen und auf der ganzen Oberfläche die Walnuss-Creme verstreichen. 15–20 Minuten fertig backen, darauf achten, dass sie nicht zu viel Farbe annimmt (gegebenenfalls mit Backpapier bedecken).

In der Zwischenzeit die beiden Chicorée waschen, angewelkte Blätter entfernen. Chicoréekolben in Streifen schneiden und mit den restlichen, grob gehackten Walnüssen, abgezupften Dillblättern, den Sprossen und etwas Öl vermischen. Erst kurz vor dem Servieren salzen.

Die Pizza aus dem Ofen nehmen, 10 Minuten ruhen lassen, mit dem Salat garnieren, nach Geschmack mit frisch gemahlenem Pfeffer würzen und servieren.

Pizzabrot mit Speck

Für 4 Personen • Zubereitung: 10 Minuten • Ruhezeit: ca. 1 ½ Stunden •
Garzeit Speck: 5 Minuten • Garzeit Pizzabrot: 45 Minuten

450 g weißer Pizzateig,
siehe Grundrezepte S. 4–6

150 g Pancetta (luftgetrock-
neter Bauchspeck)
1 unbehandelte Zitrone,
Schalenabrieb
2 EL Zucker
80 g geriebener Pecorino
(italienischer Hartkäse aus
Schafsmilch)
3 Eigelbe

Den Backofen mit einem Pizzastein auf 220 °C vorheizen.
Den Bauchspeck in kleine Würfel schneiden, in einer Pfanne
ohne Fett anbraten, herausnehmen und auf Küchenpapier das
überschüssige Fett abtropfen lassen.

Den Teig auf der bemehlten Arbeitsfläche leicht auseinander
ziehen, darüber Zitrusschalenabrieb, Zucker und geriebenen Pecorino verteilen. 2 Eigelbe mit der Gabel schlagen
und darüber gießen.

Den Teig aufrollen und gut durchkneten, bis alle Zutaten
gleichmäßig verteilt sind und der Teig blassgelb wird. Den
Teig erneut flachziehen, den noch lauwarmen Bauchspeck
darauf geben. Wieder aufrollen und so lange kneten, bis der
Speck gut eingearbeitet ist.
Eine Kugel formen, zu einem flacheren Brotlaib drücken und
zugedeckt bei Zimmertemperatur gehen lassen, bis sich das
Volumen verdoppelt hat.

Das Pizzabrot auf den bereits heißen Stein legen, mit dem
restlichen Eigelb bepinseln, in den Ofen schieben und nach
5 Minuten die Temperatur auf 200 °C reduzieren. Ca. 40 Minuten backen, bis der Boden fest und golden ist und es hohl
klingt, wenn man darauf klopft, wie bei Brot.

Um die Oberfläche nicht zu verbrennen, empfiehlt es sich, sie
ab der Hälfte der Backzeit regelmäßig zu kontrollieren und
gegebenenfalls mit einem feuchten Backpapier abzudecken.

Serviertipp: Pizzabrot in Scheiben schneiden und mit in
Essig oder Öl eingelegtem Gemüse und, ganz nach Geschmack, mit aufgeschnittener Salami oder Schinken servieren.

Pizza mit Stockfisch und Kartoffeln

Für 4 Personen • Zubereitung: 10 Minuten + 12 Stunden für das Wässern des Fischs • Garzeit Stockfisch + Kartoffeln: 17 Minuten • Garzeit Pizza: 33 Minuten

350 g weißer Pizzateig,
siehe Grundrezepte S. 4–6

250 g Stockfisch, 12 Stunden
in Wasser eingeweicht, das
3- bis 4-mal gewechselt
werden muss
etwas Wasser
natives Olivenöl
2 Knoblauchzehen, geschält
1 EL Petersilie, gehackte
ein paar Thymianzweige,
Kräuter abgestreift
2 Pellkartoffeln
10 Kirschtomaten
Salz

Den Backofen mit dem Pizzastein auf 220 °C vorheizen.

Den Stockfisch von Haut und Gräten befreien und in Stücke schneiden. Zusammen mit 3 EL Wasser, 3 EL Öl und 1 grob gehackten Knoblauchzehe in eine kleine beschichtete Pfanne legen. Bei mittlerer Hitze 10 Minuten kochen lassen, dabei den Fisch immer wieder mit Kochfond übergießen. Sollte er zu trocken werden, noch etwas Wasser hinzufügen.
Mit gehackter Petersilie und Thymian würzen, mit einer Gabel den Fisch noch kleiner zerteilen und beiseite stellen.

Den Teig länglich, zu einer ovalen Platte, ausrollen.

Die gegarten, geschälten Kartoffeln in Scheiben schneiden, in der Pfanne mit 3 EL Öl und der restlichen gehackten Knoblauchzehe anbraten, leicht salzen.

Die Kartoffeln auf der Pizza verteilen und in derselben Pfanne die halbierten Kirschtomaten mit wenig Salz und 2 EL Wasser erhitzen. Sobald sie weich werden, die Tomatenhälften versetzt zu den Kartoffeln auf der Pizza anordnen und die Ränder der Pizza mit dem Kochfond bestreichen.

Die Pizza auf den heißen, bemehlten Pizzastein geben und 30 Minuten im vorgeheizten Backofen backen. Anschließend mit dem Stockfisch garnieren, nochmals 3 Minuten in den Ofen schieben und heiß servieren.

Rote Pizza mit Heringssalat

Für 4 Personen • Zubereitung: 15 Minuten • Ruhezeit: 15 Minuten • Garzeit: 20 Minuten

350 g weißer oder
Vollkorn-Pizzateig,
siehe Grundrezepte S. 6

120 g gegarte, geschälte Rote
Beete/Rande (frisch oder
vakuumiert)
150 g gehackte Tomaten
aus der Dose
natives Ölivenöl
Salz
4 kleine Eier, hart gekocht
150 g geräucherter Hering
4 dünne Scheiben rohe Rote
Beete/Rande
6 Radieschen mit Kraut
Pfeffer aus der Mühle
100 g Vollmilchjoghurt
100 g saure Sahne

Den Ofen mit dem Pizzastein auf 220 °C vorheizen.

Die gekochte rote Beete klein würfeln, mit den gehackten Tomaten, 2 Prisen Salz und 1 EL Öl im Mixer pürieren.

Den Pizzateig auf der bemehlten Arbeitsfläche zu einer großen Teigplatte auseinanderziehen, geringfügig kleiner als der Pizzastein. Den heißen Pizzastein bemehlen und die Pizza darauf legen. Mit dem roten Püree bestreichen, die Ränder mit Ölivenöl bepinseln und 20 Minuten im Ofen backen.

In der Zwischenzeit die hart gekochten Eier schälen, in Scheiben schneiden, die Heringsfilets in Stücke und die Rote-Beete-Scheiben in feine Streifen schneiden.

Die grünen und zarten Radieschenblätter waschen und abtropfen lassen, die Radieschen in feine Scheiben hobeln. Radieschen und Blätter mit den Rote-Beete-Streifen, nativem Olivenöl und Salz zu einem Salat vermischen.

Die golden durchgebackene Pizza 5 Minuten abkühlen lassen und mit dem Salat, den Eiern und den Heringsstücken garnieren. Zum Schluss etwas Pfeffer aus der Mühle und etwas kaltgepresstes Olivenöl darüber geben.

Die saure Sahne mit dem Joghurt verrühren und dazu servieren.

Süße Pizza

Für 6–8 Personen • Zubereitung: 5 Minuten • Ruhezeit: 15 Minuten • Garzeit: 30–40 Minuten

400 g Vollkorn-Pizzateig
aus Dinkelvollkornmehl,
Grundrezept siehe S. 6

50 g Butter
2 EL heller Rohrohrzucker
2 EL dunkler Rohrohrzucker

Zum Servieren:
500 g frische Erdbeeren,
geputzt
500 g Vanilleeis

Den Backofen mit dem Pizzastein auf 220 °C vorheizen.

Den Teig auf einer bemehlten Arbeitsfläche auseinander ziehen und 15 Minuten ruhen lassen. Die Pizza auf den bemehlten, heißen Pizzastein legen. Mit den Fingerspitzen ca. 1 cm vom Rand entfernt Grübchen in den Teig drücken, damit die Butter beim Backen sich darin sammeln kann.

Butterflöckchen auf der Teigoberfläche verteilen und mit hellem und dunklem Rohrohrzucker bestreuen.

Die Pizza im vorgeheizten Ofen 30–40 Minuten backen. Den Teig von der Seite her leicht anheben um zu kontrollieren, ob sie gar ist: Der Boden muss trocken und goldbraun gebacken sein. Gegebenenfalls die Pizza noch ein paar Minuten weiterbacken.

Die Pizza vor dem Portionieren 15 Minuten abkühlen lassen. Erdbeeren je nach Größe halbieren oder vierteln und mit dem Eis zu den süßen Pizzastücken servieren.

Rezeptvarianten: Die Pizza kann auch kalt serviert werden, Zimtäpfel, Kardamombirnen oder Heidelbeermarmelade passen sehr gut dazu.
Personen mit Laktoseunverträglichkeit können die Butter durch 30 ml natives Olivenöl ersetzen und ersetzen das Sahneeis durch ein Fruchteis auf Wasserbasis.

Trauben-Focaccia

Für 8 Personen • Zubereitung: 10 Minuten • Ruhezeit: 15 Minuten • Garzeit: 30 Minuten

450 g weißer Pizzateig, *siehe Grundrezept S. 6*

500 g kernlose blaue Weintrauben
80 g weißer Kristallzucker oder heller Rohrohrzucker
natives Olivenöl

Den Backofen mit dem Pizzastein auf 220 °C vorheizen.

Den Teig rechteckig auseinander ziehen, sodass er geklappt werden kann. Die Trauben waschen und mit einem Küchenkrepp trocken tupfen. Einen Teil der Trauben auf der Hälfte des Teiges verteilen und mit reichlich Zucker bestreuen. Die unbelegte Teighälfte darüberklappen und 15 Minuten ruhen lassen.

Die Focaccia auf den im Backofen vorgewärmten und leicht geölten Pizzastein legen. Mit dem Handteller den Teig auseinander drücken bis ein unregelmäßiger Kreis entsteht. Die restlichen Trauben über den Teig verteilen und mit den Fingern in den Teig drücken. Die Oberfläche der Focaccia mit reichlich Zucker bestreuen, großzügig mit Olivenöl überziehen und 30 Minuten im Ofen backen.

Den Teig von der Seite her leicht anheben um zu kontrollieren, ob sie gar ist: Der Boden muss trocken und goldbraun gebacken sein. Gegebenenfalls noch 10 Minuten weiterbacken. Die Focaccia kalt servieren.

Tipp: Wird die Focaccia wie oben beschrieben mit dem langsam gegangenen Teig zubereitet, hält sie sich in Backpapier und ein Tuch eingewickelt bis zu zwei Tage.

Rezeptverzeichnis

Endivienpizza mit Pecorino **14**
Focaccia
    aus Vollkornmehl mit Kirschtomaten **12**
    mit Wildkräutersalat **42**
    dunkel, mit Fischsalat **20**
    ligurisch, mit Frischkäse **22**
    süß, mit Trauben **62**
Gemüsepizza **48**
Grundrezepte für Pizzateig **4, 6**
Kartoffel-Mini-Focaccias **32**
Lingue di Pizza mit Radicchio, Brie, Pilzen
    und knusprigem Speck **34**
Mini-Focaccias aus Kartoffeln **32**
    mit Ofentomaten und Frühlingszwiebeln **38**
    mit Jakobsmuscheln **50**
Panzerotti **24**
Pissaladière **10**
Pizza alla Scarola (Endivie) **14**
    Margherita speciale **8**
    mit gefüllten Zucchini-Blüten **18**
    mit pochiertem Ei **40**
    mit roter Beete und Heringssalat **58**
    mit Stockfisch und Kartoffeln **56**
    mit Tomaten und zweierlei Auberginen **28**
    mit zweierlei Mozzarella **46**
    Vegetariana **48**
Pizzarolle mit Salsiccia **26**
Pizza, süß **60**

Pizza, weiß, mit Chicorée, Gorgonzola,
    Walnusscreme und Dill **52**
    mit Lauch, Salami und Kürbismus **36**
    mit marinierten frischen Sardellen **30**
Pizzabrot mit Speck **54**
Pizzataschen, gefüllt **44**
Pizzazungen
    mit Radicchio und Brie **34**
    mit Zucchini und Burrata **16**
Rote Pizza mit Heringssalat **58**
süße Pizza **60**
Teigtaschen mit Ricotta und Kräutern gefüllt **24**
Trauben-Focaccia **62**
vegane Rezepte (auch als Variante) **4, 16, 32, 34, 36, 48, 60, 62**
vegetarische Rezepte (auch als Variante) **4, 6, 12, 14, 16, 18, 22, 24, 28, 32, 34, 36, 38, 40, 42, 44, 46, 48, 52, 60, 62**
Vollkorn-Focaccia mit Kirschtomaten **12**
Vollkorn-Pizzateig, Grundrezept **6**
Weiße Pizza mit Chicorée, Gorgonzola,
    Walnusscreme und Dill **52**
    mit Lauch, Salami und Kürbismus **36**
    mit marinierten frischen Sardellen **30**
Weißer Pizzateig (schnelle Variante),
    Grundrezept **4**
Weißer Pizzateig, Grundrezept **6**
Zucchini-Lingue mit Burrata **16**
Zwiebelkuchen, italienisch **10**